EPISTRE[1]

CHAGRINE,

A MONSEIGNEVR LE MARESCHAL D'ALBR

ou Scarron.

A PARIS,

Chez GVILLAVME DE LVYNE,
Libraire Iuré au Palais, Sous la montée
de la Court des Aydes, à la Iustice.

AVEC PRIVILEGE DV ROY.
M. DC. LXXIV.

EPISTRE CHAGRINE,

A MONSEIGNEVR

LE MARESCHAL

D'ALBRET.

BRAVE D'ALBRET dont l'é-
clatant renom
Donne du luſtre à ton illuſtre nom,
Bien que ton nom à tel point ſoit
illuſtre,
Qu'il peut ſervir à tous autres de luſtre.
On peut t'aimer, ou par ambition,
Pour ta naiſſance, & ta condition,
Ou par amour, pour tout ce qui d'aimable,
Tout ce qu'en toy l'on trouve d'adorable,
Pour ta valeur portée au plus haut point,
Pour ton eſprit qui ne luy cede point,
Ta riche taille, & ta mine guerriere,
Pour l'air charmant de ta perſonne entiere.

A ij

Cét air charmant, dont mesme en tes vieux ans,
Il paroistra que tu fus Mioſſens,
Ce Mioſſens aux Maris ſi terrible,
Ce Mioſſens à l'amour ſi ſenſible :
Mais ſi leger en toutes ſes amours,
Qu'il change encore, & changera toûjours.
Enfin, on peut pour differentes cauſes,
Aimer en toy mille excellentes choſes,
Et tu n'as rien qui ne ſoit precieux ;
Mais la Bonté, ce rare don des Cieux,
Me touche plus qu'un merite ſublime ;
C'eſt ta bonté qui gagna mon eſtime,
Et qui gagna mon cœur bien toſt aprés,
Comme l'amour ſuit l'eſtime de prés.
Mais fuſſes-tu ſans bonté ny tendreſſe,
Vn Courtiſan que le gain intereſſe,
Et c'eſt beaucoup te dire en peu de mots ;
Car il n'eſt pas de pires animaux,
Ie t'aimerois toûjours, ie te le jure,
Et tu crois bien que c'eſt d'amitié pure,
Et qu'en l'eſtat où m'a mis le Seigneur,
On ne ſçauroit qu'aimer en tout honneur.
O ! ſi le Ciel nous euſt faits l'yn pour l'autre,
Peu d'amitiez euſſent paſſé la noſtre,
Mais le merite eſtant de ton coſté,
Et la grandeur, & la proſperité,
Et moy n'eſtant que deffauts, que miſeres,
Que deſeſpoirs, que mauuaiſes affaires,
Et de quoy Diable, yn objet de pitié,
Auroit-il pû payer ton amitié ?
Sans m'aimer donc, ſouffre au moins que l'on
    t'aime,
C'eſt trop pour moy : Mais par yn heur extré-
    me,

Si tu voulois m'aimer bien fort auſſi,
Par la raiſon qu'on t'aimeroit ainſi.
Que de bon cœur, ô Fortune cruelle!
On oublieroit comme vne bagatelle,
Les rudes maux que ta haine m'a faits,
Qui m'ont ſouvent fait tomber ſous le faix,
Que de Lauriers couronneroient ma teſte.
Pour auoir fait vne telle conqueſte,
Auoir ſceu faire vn Amy precieux,
D'un vray Heros deſcendu de nos Dieux,
Dans la ſaiſon que ma vie auancée,
N'eſt déja plus qu'vne hiſtoire paſſée,
Et qu'en l'eſtat où mes malheurs m'ont mis,
On n'eſt plus propre à faire des Amis.
Mais briſons là, plaiſirs imaginaires,
Chaſteaux en l'air, inutiles chimeres,
Que mon d'Albret m'aime, ou ne m'aime pas,
Aimons toûjours, n'en ſoyons jamais las;
Et recherchons les moyens de luy plaire,
Adreſſons luy noſtre Epiſtre colere,
Dernier chagrin d'vne Muſe en courroux,
Contre pluſieurs, & quaſi contre tous.
Sans ſouffrir donc que la rime trop forte,
Loin du ſuiet plus long-temps nous emporte,
Irritons-nous, & la plume à la main,
Faiſons la Guerre à tout le Genre humain.
Et ce n'eſt pas vne maligne envie,
Qui m'ait cauſé cette Miſanthropie;
Ie hay ce vice, & ne ſuis point de ceux
Qui ne ſçauroient ſouffrir vn homme heu-
    reux.
Mais qui, grand Dieu! pour peu qu'il ſçache
    eſcrire,
Peut s'empeſcher de faire vne Satyre?

Quand tout est plein d'Impertinens diuers,
Qui peut, grand Dieu ! ne point faire des Vers ?
Non de ces Vers de quelque ame damnée,
De quelque Amant mal en sa Destinée,
Qui va conter ses maux de point en point,
Aux durs Rochers qui ne l'escoutent point.
Non de ces Vers de la belle Amarante,
Où quelque Fat de ses faueurs se vante,
Et fait grand bruit des plaisirs qu'il n'a pas,
Et c'est ainsi qu'on baise de cent pas.
Non de ces Vers tels qu'en fait, & qu'en gaste
Vn pauure Autheur qui trauaille à la haste,
Et qui pressé de son méchant habit,
Fagotte une Ode à quelque homme en credit.
Non de ces Vers, dont mille faux Corneilles,
Tous les Hyuers, fatiguent nos oreilles,
Vers ramassez, esclattans d'Oripeau,
Qui font donner la Cour dans le panneau ;
Mais ce n'est pas une grande merueille,
Tout ignorant se surprend par l'oreille.
Et iuge mieux des canons, & galans,
Que des Vers forts, naturels, ou galans.
Non de ces Vers dont la fin est de plaire :
Mais des chagrins qu'enfante la colere,
Tels qu'autrefois Horâce, & Iuuenal,
Ou bien quelqu'autre illustre Original,
Ont décochez à l'enuy l'un de l'autre,
Contre leur Siecle, en tout passant le nostre,
Hors en Fâcheux, en quoy sans vanité,
Sur les Romains nous l'auons emporté.
O qu'il en est de Genres, & de Sectes,
De ces Fâcheux, pires que des insectes !
O qu'il en est dans les murs de Paris !
Sans excepter Messieurs les beaux Esprits,

Mesme de ceux qui de l'Academie,
Forment la belle & docte Compagnie.
O qu'il en est à la Cour, comme ailleurs!
Sans excepter Princes ny grands Seigneurs,
O qu'il en est, & plus que l'on ne pense,
Dans nostre noble & florissante France!
Tel est Fâcheux, & fâcheux diablément,
Qui de Fâcheux se plaint incessamment,
Tel de Fascheux a merité le titre,
Qui sera peint au vif dans mon Epistre,
Et que d'abord chacun reconnoistra,
Et qui pourtant des premiers en rira.
Tous les Fascheux qui ne pensent pas l'estre,
Sont sans remede, à moins que de renaistre,
Ou bien disons, puis qu'on ne renaist pas,
Que tout Fascheux l'est iusqu'à son trépas,
Et s'il en est que les ans rendent sages,
Ie les compare à de vieux pucelages,
Que moy Pecheur, ie croy présque aussi peu,
Que cét Oyzeau qu'on dit renaistre au feu.
Mais revenons aux Fascheux & Fascheuses,
Au rang de qui ie mets les Precieuses,
Fausses s'entend, & de qui tout le bon,
Est seulement un langage ou iargon,
Vn parler gras, plusieurs sottes manieres,
Et qui ne sont enfin que façonnieres,
Et ne sont pas precieuses de prix,
Comme il en est deux ou trois dans Paris,
Que l'on respecte autant que des Princesses,
Mais elles font quantité de Singesses,
Et l'on peut dire auecque verité,
Que leur modelle en a beaucoup gasté.
Depuis le temps que perclus de mes membres,
Pour moy Paris est reduit à deux chambres,

Ie ne ſçay rien que par Relation ;
Ie fay pourtant ſouuent reflexion
Sur les Faſcheux que i'ay veus en ma vie,
Ainſi i'en ay la memoire remplie,
Et puis encore en parler en ſçauant ,
Si les Faſcheux ſont comme cy-deuant.
Il n'en eſt point qui donne tant de peine,
Que ceux pour qui, loin d'auoir de la haine,
On a reſpect, ou bien pour leur bonté,
Ou pour quelqu'autre aimable qualité.
Grand Dieu ! par qui ie reſpire & ie rime,
Delivre-moy d'un Faſcheux que i'eſtime.
Vn eſprit doux eſt ſouuent bien faſcheux,
Et me paroiſt d'autant plus dangereux,
Qu'honneſtement on ne ſe peut defaire,
De qui toûjours affecte de vous plaire,
Et meſme alors que l'on le pouſſe à bout,
Vous rit au nez, & vous accorde tout.
Vn franc brutal conteſtant comme vn Diable,
En certains temps ſeroit plus ſupportable :
Car bien ſouuent les conteſtatioñs,
Sont tout le ſel des converſations,
Ie ne dy pas qu'vn conteſteur n'ennuye ;
Mais il eſt bon quelquefois que l'on nie.
Qui beaucoup parle, & toûjours de ſon mieux,
Eſt vn Faſcheux des plus faſtidieux,
I'entens parler des Hommes & des Femmes,
Tout ce qu'il dit, eſt pointe d'Epigrammes,
Tout ſon plaiſir eſt faire à complimens ,
Tels qu'on en lit dans les plus ſots Romans.
Ie vis un iour deux hommes de la ſorte,
S'eſtocader en s'offrant vne Porte,
Sans qu'aucun d'eux euſt iamais le dernier,
Et leur conflit fut d'vn quart-d'heure entier.

Vn doucereux, magazin de fleurette,
Qui donne à tout ; à Maiſtreſſe, à Soubrette,
Et qui pourveu que l'on ait des Tetons,
Quand ils ſeroient trop voiſins & trop longs,
Croiroit manquer à ſa galanterie,
S'il ne pouſſoit quelque douceur fleurie,
Eſt odieux à tous les gens-de-bien.
Il eſt ainſi des grands diſeurs de rien,
De ceux qui font d'eternelles redites,
De ceux qui font de trop longues viſites,
Adiouſtons-y les Reciteurs de Vers.
Ceux qui premiers ſçavent les noùueaux Airs,
Et qui par tout d'une voix temeraire,
Oſent chanter, comme feroit Hilaire.
Le grand parleur toûjours geſticulant.
Celuy qui rit, & s'écoute en parlant.
Le Clabaudeur qui détonne, ou qui braille,
Ou qui parlant vous frappe, & vous tiraille,
Ou qui rebat iuſqu'à l'eternité,
Quelque vieux conte ou chapitre affecté,
Ou qui n'oit pas quelque accident notable,
Qu'il n'en conte vn de ſoy preſque ſemblable.
Vn Putrefait qui vous vient approcher.
Des Inconnus qui vous nomment, Mon Cher.
L'Admirateur qui ſu tout ſe r'écrie,
Vn importun qui tous les iours vous prie,
D'aller chez luy prendre vn méchant repas,
Et le fait tel, qu'on n'y retourne pas.
Les indiſcrets qui ſans licence viennent
Se mettre en tiers à deux qui s'entretiennent,
Tous ces gens là deuroient eſtre chaſſez
Hors de l'enclos des murs bien polliſſez.
N'oublions pas l'Ignorant qui decide,
Ni le franc Fat, qui par vn front qu'il ride,

Et que toûjours il ride sans suiet,
Donne à penser qu'il fait vn grand projet.
Ny le Rêveur, qui quoy qu'on luy propose,
Quoy qu'on luy die, ou rêve à quelque chose,
Ou sans songer que vous l'entretenez,
En entretient vn autre à vostre nez.
Ny le Gaillard, qui de tout rit & raille,
Guoguenardant sur tout, vaille que vaille.
Adioustons-y tous les mauuais Plaisans,
Tant Campagnards, Bourgeois, que Courtisans,
A qui l'on dit, faites-nous vn bon conte.
Pour ceux de qui la repartie est prompte,
Admirateurs des bons mots anciens,
Des Grecs, Romains, Lacedemoniens :
Ils sont fascheux de la mesme maniere,
Qu'vn Picoteur ou Rompeur en visiere.
Les grâds Seigneurs qui profnent leurs exploits,
Leur grand credit, leurs importans emplois,
Et qui par tout font comme vn Manifeste
De leur haut rang, qu'aucun ne leur conteste,
Ont en cela quelque chose de bas :
Leur grand merite icy fait vn faux pas,
Et l'on a veu plus d'un grand Personnage,
S'estre rendu fascheux par ce langage.
Tout inciuil ou ciuil par excés.
Ceux qui toûjours parlent de leurs procés,
De leurs Amours, affaires & querelles.
Ceux qui toûjours debitent des nouuelles,
Sans qu'on les ait priez d'en debiter,
Et ceux aussi qui ne font que pester,
Bien que le Sort ne leur soit pas contraire,
Tous ces Facheux le font plus qu'un Beaupere,
Les Eternels faiseurs de questions,
Font enrager toutes les Nations.

Les Patineurs font tres-infuportables ,
Mefme aux Beautez qui font tres-patinable
Le drofte Alerte , autrement le Madré ,
Eft tres-fafcheux , tout bien confideré.
Ceux dont les fleurs font par l'age effacées ,
Et qui toûjours de leurs beautez paffées ,
Font inutile , & vaine mention ,
Au cher objet de leur affection ,
Sont ennuyeux aux beautez Printannieres ,
Et leurs deffeins par là n'auancent guieres.
Vn fot Poëte eft par tout detefté ,
Et de fon Siecle eft l'incommodité.
Vn Ecriveur feulement pour écrire ,
Qui n'aura rien bien fouuent à vous dire ,
Et dont la rage eft montée à tel point ,
Qu'il vous efcrit , & ne vous connoift point,
Eft vn Fafcheux neceffiteux de gloire ,
Vain comme un Diable, & qui s'en fait accroire.
Vn Courtifan qui fe croit un grand Clerc ,
Par la' raifon qu'il aura le bel Air ,
Et qui fe croit par la feule lumiere ,
De fon Efprit maiftre en toute matiere ,
Iuge de tout tres-temerairement ,
Souuent auffi tres impertinemment.
Mille à la Cour fe feruent d'indolence ,
Pour exprimer langueur & nonchalance :
Et vous diront d'vn ton trifte & dolent ,
Depuis huit jours je fuis tout indolent ,
Et nommeront des Beautez indolentes ,
Qu'en bon François nous nômons nonchalantes ,
Sauf le refpect qu'on doit à vos bons fens ,
Parlez correct , Meffieurs les Courtifans.
Ie ne dy pas que dans la Bourgeoifie ,
Qui de la Cour eft toûjours la copie ,

Mille Badauts aussi d'un ton dolent,
N'abusent pas du terme d'indolent.
Mais qu'à la Cour les plus belles Caballes,
Parlent par fois le langage de Halles !
Quelle ignorance ! est-il terme plus clair.
Que l'indolence ? ô Messieurs du bel Air,
Encore passe au Lourdaut de Campagne,
Qui ne lit point Epicure, ou Montagne ;
Mes beaux Messieurs, qui de tout decidez,
Ne dittes rien si vous ne l'entendez.
I'ay trop poussé peut-estre la matiere :
Mais cette erreur d'une estrange maniere,
M'a chagriné depuis deux ou trois ans,
Et i'en voudrois guerir les Courtisans.
Vn Parasite animal famelique,
Qui court par tout la Table magnifique,
Et là, debite en faisant de son mieux,
Tous ses bons mots, & tous ses contes vieux,
Est un Fascheux qui supernumeraire,
Se va saouler comme vn Loup sanguinaire,
Où bien souvent il n'est pas appellé.
L'ingrat Bouffon n'est pas plutost saoulé,
Qu'il va prosner du Sot qui le substante,
Tout ce qu'il sçat, & tout ce qu'il inuente.
On est plaisant ainsi : Mais que sçait-on ? *
On peut aussi s'exposer au Baton.
Qu'il est fascheux le Fat, quand il conseille !
Qu'ils sont fascheux les parleurs à l'oreille,
Et qui pourroient sans peril dire à tous
Ce grand secret qu'ils ne disent qu'à vous !
Qu'on est fascheux aux bonnes compagnies,
De ne parler que de ses maladies !
Qu'il est fascheux aux Malades d'oüir,
Prenez courage, il se faut réjoüir.

Mais j'oubliois, Peſte de ma memoire,
Celuy qui fait grand can can d'une Hiſtoire,
Ou vous promet vn conte plein d'Eſprit,
Et ne tient rien de ce qu'il vous a dit.
Et j'oubliois les vieilles ſurannées,
Qui ſans ſonger à leurs longues années,
Ne veulent rien rabattre de quinze ans,
Et s'attendront à des ſoins complaiſans,
Qu'on ne rend plus à de telles Guenones.
Hé i'oubliois de faſcheuſes Perſonnes,
Les Creanciers que l'on voit chaque iour.
Le Franc Bourgeois qui fait l'homme de Cour,
Et quand il eſt chez les gens de la Ville,
Qui dit tout ſec, Turenne, Longueüille,
(Se gardant bien de donner du Monſieur)
Le Mareſchal, le Petit Commandeur,
I'eſtois au Cours auecques les Comteſſes,
Où ie ioüois auec telles Ducheſſes,
Eſt vn Faſcheux qui diuertit par fois ;
Mais il ne faut le voir que tous les Mois.
Vous en ſerez, ô Queſteurs & Queſteuſes,
Du nombre affreux des Faſcheux & Faſcheuſes,
Vous, Effrontez, qui ſouuent demandez,
Et vous Parens, qui trop reprimendez,
Et vous auſſi qui par voſtre ſilence,
Voſtre ſourire, & voſtre contenance,
Nous déguiſez vn eſprit de cheual,
Demaſquez-vous, & parlez bien ou mal,
Si vous voulez qu'on ſçache qui vous eſtes.
On iuge mal des perſonnes müettes.
L'on ne croit plus que mediocrement,
Qu'vn Taciturne abonde en iugement.
Vous en ſerez, ô vieilles Pechereſſes,
Dont l'on a ſceu les impures ieuneſſes,

Et n'eſtans plus en eſtat de pecher,
Qui vous mélez de nous venir preſcher,
En grand ſoucy pour les pechez des autres,
En grand repos cependant pour les voſtres.
Et ſongez-vous lors que vous nous preſchez,
Qu'il n'eſt par tout bruit que de vos pechez.
Mais vous trouuez la cenſure un peu forte,
Et vous grondez. le Diable vous emporte.
Vous en ſerez, vous dont la chaſteté,
Remplit l'eſprit d'vne ſotte fierté,
Qui pretendez qu'aux pudiques Lucreſſes,
Il eſt permis de faire les Diableſſes,
Et que pourueu qu'on garde ſon honneur,
On peut n'auoir ni bonté ni douceur;
Et là-deſſus, ô Meſdames les Prudes!
Vous deuenez inciuiles & rudes,
Et tout le Monde, & meſme vos Eſpoux,
Ont à ſouffrir, & ſe pleindre de vous.
Quoy! ſi le Ciel, vous fit naiſtre ſtupides,
Si les plaiſirs ſont pour vous inſipides;
Si vous gardez voſtre honneur cherement,
Moins par vertu, que par temperament,
Pretendez-vous, Prudes inſupportables!
Que les Humains vous en ſoient redeuables?
Et qui grand Dieu, lors que vous viuez bien,
Si ce n'eſt vous, en reçoit quelque bien?
Soyez, ſoyez vn peu moins vertueuſes,
Si vous voulez, mais auſſi moins faſcheuſes,
Mais te parlant ſi long-temps des Faſcheux,
Ie pourrois bien le deuenir plus qu'eux.
Ie finis donc, Cher D'ALBRET, & coniure,
Le Tout-puiſſant Maiſtre de la Nature,
De deſtourner de toy tout grand Hableur;
Tout froid Bouffon, & tout grand Emprunteur,

Et que de moy ton tres-humble, il deſtourne,
Tout Campagnart qui dans Paris ſeiourne,
Qui n'ayant rien à faire tous les iours,
Me rend viſite auant l'heure du Cours,
Comme on va voir le Lyon de la Foire :
Lors ſe ſeruant de l'heureuſe memoire,
Dont le Seigneur l'a pourueu richement,
Il me décoche vn tres-long compliment,
Et moy qui ſuis la vraye Antipatie
Du compliment & de la repartie,
Ie me defaits, ou me mets à pleurer,
Et le Faſcheux qui penſoit admirer
Tous les grands mots que ie luy deuois dire,
Mal ſatisfait de chez moy ſe retire,
Et dit par tout, au moins il le deuroit,
Ce Scarron-là n'eſt pas tout ce qu'on croit.
Mais que ie paſſe, & ſur Terre, & ſur Onde,
Pour le plus Fat de tous les Fats du Monde,
Si dans l'Eſprit de FOVCQVET mon Patron,
Et dans le tien, moy malheureux Scarron,
Ie puis toûjours conſeruer quelque eſtime,
Que le Deſtin qui m'a mis hors d'eſcrime,
M'expoſe encore à quelque nouueau Choc,
I'auray l'eſprit auſſi ferme qu'vn Roc.

F I N.

SECONDE

EPISTRE

CHAGRINE,

A MONSIEVR

DELBENE.

A PARIS,

Chez GVILLAVME DE LVYNE,

Libraire Iuré au Palais, Sous la montée
de la Court des Aydes, à la Iustice.

———————————

AVEC PRIVILEGE DV ROY.

M. DC. LXXIV.

SECONDE
EPISTRE
CHAGRINE,
A MONSIEVR
D'ELBENE.

I'ESTOIS seul l'autre jour dans ma petite chambre,
Couché sur mon Grabat, souffrant en chaque membre,
Triste comme vn grand deüil, chagrin comme vn Damné,
Pestant & maudissant le jour que je suis né.
Quand un petit Laquais, le plus grand sot de France,
Me dît, Monsieur vn tel vous demandé Audiáce,
Bien que Monsieur vn tel ne me fust pas coñnu,
Ie répondis pourtant, qu'il soit le bien venu.
Alors je vis entrer vn visage d'Eunuque,
Rajustant à deux mains sa trop lôgue Perruque,

Heriſſé de galants rouges, jaunes & bleus ;
Sa Reingraue eſtoit courte, & ſon genoüil ca-
   gneux ;
Il auoit deux Canons, ou plutoſt deux Rotondes,
Dont le tour ſurpaſſoit celuy des tables rondes ;
Il chantoit en entrant, je ne ſçay quel vieux Air,
S'appuyoit d'vne Canne, & marchoit du bel air.
Apres auoir fourny ſa vaſte reuerence ,
Se balançant le corps auecque violence,
Il me dît en Fauſſet, & faiſant un ſoûtis ,
Ie ſuis l'Admirateur de vos diuins écris,
Monſieur, & de ma part quelquefois je me pi-
   que
De vous ſuiure de prés dans le ſtile Comique ;
Ie vous rends donc viſite en qualité d'Auteur,
Et de plus côme eſtant voſtre humble ſeruiteur.
Ie luy fis prendre un ſiege ; il tira ſa pincette,
Pinceta ſon menton , & ſa barbe eſtant faite ,
S'efforça de briller par ſes diſcours pointus.
Pour moy, je brillay peu ; car ſouuent je me tus,
Et je gagerois bien que mon maudit ſilence
Luy donna grand mépris pour mon peu d'élo-
   quence.
Il auroit bien eſté ſans déparler vn mois,
Que j'aurois parlé peu dans l'humeur où j'e-
   ſtois.
Il me hocha la bride, à toutes ſes ſemonces,
Tantoſt oüy, tantoſt non, fut toutes mes reſ-
   ponſes.
Mais eſtant grand parleur, dont ma foy bien luy
   prit,
Ie me mis bien par là ſans doute en ſon eſprit.
Il me queſtionna de toutes les manieres,
Eſtes-vous viſité de Monſieur de Lignieres ?

Me dit-il, ce qu'il fait, est satyrique & beau,
Et je le croirois bien comparable à Boileau.
Qu'estimez-vous le plus de Clelie ou Cassandre?
Quant à moy le vers fort me plaist plus que le
   tendre.
Tout ce que fait Quinault, est ma foy, fort galât.
Mais, qu'est-ce donc, Monsieur, qu'Oedippe
   a d'excellent?
Ie l'ay leu plusieurs fois : mais j'ose bien vous
   dire
Que je n'y trouue pas le moindre mot pour rire.
Quelque bruit qu'il ait fait, Corneille a fort
   baissé,
Et la Cour, cependant, l'a bien recompensé.
Bois Robert se retranche au genre Epistolaire.
C'est un digne Prelat. I'estimois fort son frere.
I'ay releu mille fois ses contes ramassez,
Et n'ay rien veu de tel dans les Siecles passez.
Nous ne voyons plus rien du docte Menardiere.
Colletet m'a fait boire auecque Furetiere.
I'ay fumé quelquefois auecque Saint-Amant.
N'acheuerez-vous point vostre joly Romant?
Et n'avez-vous point fait de portraits à la mode?
Ie tiens le Bout-rimé plus mal aisé que l'Ode.
I'ay fait pour le Theatre en l'espace d'un an,
La Mort de Rauaillac, l'Anesse de Baalam.
La Reyne Brunehaut, Marc-Aurele & Faustine.
Lusignan, autrement l'Infante Melluzine.
L'Heroïne sera moitié Femme & Poisson,
Et cela surprendra d'une estrange façon.
Balesdens m'a promis place en l'Academie,
Ie ne gasteray rien dans cette Compagnie,
Ie suis Marchand meslé; je sçay de tout un peu,
Et tout ce que j'écris, n'est qu'esprit & que feu.

I'entreprens vn trauail pour le Clergé de Frâce,
Dont j'attens vne belle & grande recompenſe.
C'eſt ; mais n'en dites rien, les Conciles en
  Vers,
Le plus hardi deſſein qui ſoit dans l'Vniuers.
Ie n'en ſuis pas encore au troiſiéme Concile,
Et j'ay déja des Vers plus de quatre cent mille.
Pour diuerſifier je les fais inégaux,
Et j'y fais dominer ſur tout les Madrigaux,
Ainſi je meſleray le Plaiſant à l'Vtile.
L'ouurage fait déja grand bruit en cette Ville,
Et ſans ce faſcheux bruit, dont je ſuis enragé,
I'euſſe agreablement ſurptis tout le Clergé.
A ce dernier diſcours du plus grand Fou de
  France,
Ie m'éclattay de rire, & rompis le ſilence.
Vous riez, me dit-il ; c'eſt l'ordinaire effet,
Que ſur tous mes Amis mon entrepriſe a fait.
Mais vous ſçavez qu'il eſt diuers motifs de rire.
On rit quand on ſe mocque, on rit quand on ad-
  mire,
Eſt je gagerois bien que voſtre bon eſprit
Admire mon deſſein dans le temps qu'il en rit.
Voſtre deſſein, Monſieur, ſi je m'y puis con-
  noiſtre,
Et grand, luy repartis-je, autant qu'il le peut
  eſtre,
Iamais homme viuant n'a fait un tel deſſein :
Mais il vous faut du temps pour le conduire à
  fin,
Que dittes-vous ? I'y joins l'Hiſtoire vniverſelle :
A moy cent mille Vers ſont vne bagatelle.
Ie conduiray l'Ouurage à ſa perfection,
Dans deux ans au plus tard. Et pour l'impreſſiô

uy dis-je. Ha! pour l'honneur du Royaume
de France,
outez-vous que la Cour n'en fasse la dépense?
lus de vingt Partisans, si le Roy le permet,
rendront, quand je voudray, cette affaire à
forfait.
l entra là-dessus des Dames dans ma Chambre.
e Gant de Marcial, l'Euentail chargé d'Ambre,
xhallerent dans l'Air une excellente odeur :
n pauure bel-esprit en changea de couleur.
e suis bien mal-heureux qu'à l'abord de ces
Belles,
eur parfum m'ait causé des syncopes mortelles,
e dit-il ; quoy qu'en tout je sois un vray Lyon,
Les Parfums me font peur comme à feu Bullion,
Sans cela j'aurois leu deuant ces belles Dames,
Sur les noces du Roy, cinq cens Epitalames.
Ie m'en vay donc, Monsieur, un Tresorier de
Tours,
M'attend à Luxembourg pour me mener au
Cours.
Ie vous reviédray voir demain à la même heure,
Et vous visiteray tous les jours, ou je meure.
Il sortit là-dessus ; sa Canne s'accrocha,
Dans l'vn de ses Canons, & mon hôme broncha.
Ce n'est rien, cria-t'il, & se mit dans la ruë.
Et moy, je meurs de peur, ou la peste me tuë,
Que ce Diable d'Auteur, dont j'ay perdu le nom,
Promettant de me voir, n'ait parlé tout de bon.
Tous les Foux me font peur, j'ay pour eux de la
haine,
Par la raison peut-estre, ô cher Amy d'Elbene!
Que Poëtes & Fous sont d'vn mesme mestier,
Et qu'entre Competens, il n'est point de quartier.

Celuy-cy que mes Vers viennent de te dépeindre,
S'il me reüifitoit, me donneroit à craindre.

En certains temps, peut-eftre, eft-il Fou furieux;
Il peut me trouuer feul, & m'arracher les yeux.
J'ay crû que la nouuelle & naïue peinture
De cette veritable & grotefque auanture,
Feroit dans ton efprit quelque diuerfion,
De huit cheuaux perdus, cruelle affliction !
Il vaudroit mieux pour toy, dans le temps où
  nous fommes,
Au lieu de huit cheuaux, d'avoir perdu huit
  hommes.
J'euffe dit huit Laquais : mais tu fçais, cher Amy!
Qu'en rimant on ne dit les chofes qu'à demy,
Ou que l'on dit par fois plus que l'on ne veut
  dire.
Sur nous la Rime exerce vn tyrannique empire.
A-t'on fait vn vers fort, elle en fait faire vn bas,
Et fait dire au Rimeur tout ce qu'il ne veut pas.
Ce foir, fi nous joignons nos deux foupers en-
  femble,
Je poffede vn jambon fi tendre que je tremble
Que les Vallets frians, quittes pour le nier,
N'ofent pendant la nuit me le diminuer.
Et je poffede encore vne énorme fauciffe,
Ou Boulogne la graffe a difpnfé l'épice,
D'vn tel temperament, que fon gouft, quoy
  que haut,
Quoy que roide de poivre, eft pourtant tel qu'il
  faut.
C'eft le prefent d'vn Duc des bords de la Garône,
Qui ne foûtient pas mal la Brauoure Gafconne.

F I N.